Beeltenissen

De *Bel-etagereeks* verschijnt onder de redactionele leiding van Hedwig Speliers

Ontwerp omslag: Karakters, Gent
Foto omslag: Dirk Braeckman
Zetwerk en lay-out: Karakters, Gent
Druk: New Goff

ISBN 978 90 5655 244 2
D/2009/3962/4
NUR 306
www.poeziecentrum.be

Gedrukt op Multidesign Original Ivory 115 grs, geleverd door Papyrus n.v.

Beeltenissen

Inge Braeckman

BEL-ETAGEREEKS 3

POËZIECENTRUM
GENT

Nachtegalen in verkoolde bossen
op de vlucht. Overrijpe vruchten vallen
van het tafelblad. Een hand grijpt naar een
wolk wanneer een ader spat in het gezicht
open. Als betrof het een wolkje melk net uitgelopen
in de nacht, de stilte van de ster, in mijn blikveld
gevlogen. Want ik laat het denken overgaan

in droom. Ook deze keer. Een passage onbewust
trachten. Opnieuw. Als was het je
naam. Verguld en in gloed gegoten. Ontwaakt
uit de verdoving van mijn eeuwige
slaap, op de zevensprong van mijn gedachten. Zo diep
in het bos. Een weelde van wat een drassige grond
beloven kon. O vandaag is het alsof je komt, prins van

het waken, ik ren de flanken van de heuvels op. Het kompas
trekt een pantser over mijn geheugen – de geheime code
voor verdwijnen, doelloos, terwijl de boom waaraan wij
ooit lagen wordt gerooid. De materie
van de wereld in vergane grandeur gevat. Want vandaag,
vandaag is het alsof je komt. En dimmen alle lichten

het naamloze slapen. Zo sneeuw tussen je lippen
kraakt. Geurt in de wind mijn huid naar bloesems
van Japanse kerselaars. Het ogenblik dat ik vergeten moet.

'Quest' è l'ora in cui nulla
può accadere.'

Cesare Pavese

Prelude

Niemand hoeft het te weten, ook wij niet, wij die het zullen doen, die het zullen plegen, zullen verorberen en zullen verteren. Wij hoeven het niet te weten. Wij hoeven het zelf niet te weten. Het zal gebeuren en het zal plaatsvinden. Haastig, schokkend, zodat het nooit gebeurd lijkt te zijn. En soms beredeneerd en traag. Eerder langzaam. In een kamer, bij pril daglicht, in een station wanneer de laatste trein aankomt, op een weiland naast de autosnelweg terwijl duisternis haar eerste adem over het land uitstoot. Of in een steegje waar het leven zich enkel de gedaante van een schaduw aanmeet en de zon zelden (groot)moederlijk verschijnt. Ik zal je begeleiden. Geblinddoekt. Ik zal je leiden. Geblinddoekt. Hij zal je lijden. Met open ogen. Ik zal wegglijden. Hij zal je ogen niet van de nacht kunnen onderscheiden. Ik zal je haarlokken met versgeplukt koren vergelijken. En zal verdwijnen.

Je zal de geur van appels ruiken. Rottende appels die herinneren aan je kindertijd. Toen je in de velden speelde en op blote voeten tussen de in het wakke gras vergeten appels gleed. Dagenlang. Gelig en gerimpeld aan het oppervlak, uiteenvallend binnenin. Door de vertakkingen die de worm aanbracht. De worm die steeds onzichtbaar andere banen in de appel at. Je zal de appel oprapen. In gedachten. In herinnering. In een andere werkelijkheid dan die waarin je wordt geleid. Dan die waarin je wordt begeleid. Je zal doorheen maïsvelden rennen. Met de drie zussen die je had. Met de drie zussen die je nooit had. Je zal erin van de vader wegrennen. De vader die je had. De vader die je nooit had.

Je zal in de armen van een man lopen. In zijn armen als een arena. Waarvan de deur gesloten is. Waarvan de deur gesloten blijft. In de hoop de stier te doden. De strijd die niet bestaat, die nooit bestond te winnen. Je zal de man de vader tonen. De vader die vanuit de tribune toekijkt. De man zal de vader zien. De man zal de vader toewuiven maar de vader zal de man nooit zien. De vader blijft recht voor zich uitkijken en wacht op de vertoning. En wacht op de voltooiing alvorens hij applaudisseert. Je zal je benen spreiden. Waanzinnig lachen en vragen aan de man of hij je uitkleedt. Je zal met je borsten over zijn ogen glijden. Over zijn neus en zijn lippen strelen. Alvorens hij je neemt. Alvorens de strijd wordt ontketend.

Je belijdt het geloof van de dagelijksheid. Je belijdt het geloof van de waarachtigheid. Je beleeft het geloof van je eigen lichaam. Je gelooft de belijdenis van je gedachten. Je beoefent elke leugen, dagelijks, terwijl je daar geen reden toe hebt.

Je zal in de krant lezen dat het natuurlijk is. Dat er niets te verklaren valt. Dat er nooit iets uit te leggen is. Dat het onverklaarbaar is, en overeenkomstig de natuurlijkheid der dingen. Met de natuurlijkheid der zinnen. 'Tiefe Verschwörung der Lüge'. Dat alles vloeibaar is en wegstroomt. Zoals zweet en tranen, of schokgolven die de tijd(ingen) breken. Zoals de werkelijkheid in fictie wordt gevat. Of stralingen ervoor zorgen dat het verhaal je ontsnapt en wegglijdt als mozaïeken uit je hand.

&&&&&&&&&&&&&&&&&&&&&&&&&&&&&&&&&&&&&&&&

Toevallig opwaaiende gordijnen, geïnfecteerd door de vluchtigheid van het moment. Brokstukken uit het verleden komen in ons naar boven drijven, en slaap evenaart bewusteloosheid. Met dezelfde onvermijdelijkheid als kleverig bloed.

Je zal ontdekken dat de taal blessures heeft opgelopen. Troosteloos uitgedund zwelt ze van verlangen om in haar volle naaktheid te worden gevat.

'Beautiful skin needs hydration, every hour of every day. And a peachy-perfect complexion deserves more than ordinary moisture. Aqua Fusion gives your skin intense hydration and a truly sensorial experience.'

De tirannie van de feiten, de onnadrukkelijkheid van elk detail. Je zal dankzij geuren vergeten werkelijkheden wakker schudden. De vluchtigheid van een ontmoeting die een leven lang sudderen blijft. Het spel van de zinnelijkheid. Niets meer. En toch...

'La peau est constamment soumise au stress, cause autant par les aggressions externs que par la tension émotionnelle et la fatique. Sa fonction barrière s'affaiblit et elle a tendance à se déshydrater. Elle devient inconfortable, plus sensible aux rougeurs et éprouve des sensations désagréables d'échauffement.'

Je zal aanvaarden. Je zal moeten aanvaarden dat de zomer in die prille herfst onontkoombaar aanwezig is. Minder hitsig en driftig dan in augustus. Minder loom ook. Maar daarom niet minder kleurrijk dan voorheen. Zoals het cliché. Zoals elk cliché het beaamt en wil. En het toeval regeert. Beheksend wanneer de zon, lager dan ooit, haar laatste en haar eerste stralen bronstig over het water neerlaat. Een bronsachtig gordijn dat de theatervoorstelling afsluit. Even. Zodat de bloemen, de distels en ander onkruid in de velden zich nog een laatste keer, een eerste keer, een nieuwe keer, uitrekken naar de misleiding van wat zich aankondigt. Van wat zich belooft aan te kondigen zonder het waar te maken.

Miniaturen gaan gebukt onder de letters en de beelden die ze lijken te dragen en voort te brengen. Even zwanger en overrijp van vruchten die doelloos op de aarde vallen. Van het aanrecht rollen. Een maagdelijk kleed met hun onuitwisbaar sap bevlekken. Een jubellied, bezongen door een jaargetijde. Het landschap ontvouwt zich. Wordt op mensenmaat gemaakt en naar ons toegebracht. (Hooglied! Hoe gevormd naar de rondingen van een vrouw.) We ontdekken het niemandsland tussen oog en voorwerp. *No man's land*. Moerbeibloesems in de verte.

&&&&&&&&&&&&&&&&&&&&&&&&&&&&&&&&

Gecontroleerde ongecontroleerdheid.

Regen weeft een spinnenweb tussen onze ontmoeting. Woorden. Het afrodisiacum van de onbereikbaarheid. Met de snelheid van een vonk.

‘Le corps un trésor à prodiguer.’

Arthur Rimbaud

‘Ook ik schreef geen waarheid, doch ik denk niet dat het een leugen was.’

Hugues C. Pernath

Scroll gedachten die ik nooit vertellen zal. Begerig rukte hij het bloesje van haar los. Zijn mond hapte naar adem en hij greep sneed met zijn tanden haar bovenste lip. Hij voelde haar ribben, legde zijn geslacht tussen haar borsten en drukte het litteken van zijn buik tegen haar aan. De wereld daverde even. De eerste krekels sloten de nacht en het licht steeg achter fonteinen op. Ze spreidde haar benen. Ergens in een ander land keek een meisje, in de gedaante van mezelf, door het raam naar buiten, holde de trappen af, haar gsm rinkelde onophoudelijk. Ze besteeg de trappen, bloed druppelde. Terwijl vlierbloesems wachten op de eerste pluk, de metro voor haar wegsuisde, deuren openvielen, de stad in haar wakker werd.

Wanneer hakken de binnenstad aanraken,
de kade aftasten waar het naar urine en
schippers ruikt, loopt hij het bordeel
binnen (*browse*) en wikkelt duisternis

als een voile open. Op welk moment ook
denkt hij haar te vinden en zich te nestelen
in de nylontralies van haar gezicht. Lust
rolt zich als een decor in zijn handen op,

lichamen beloven hem het bitterzoete hijgen,
het zwijgen zonder na te blijven. (*delete*)
Condoom, coke en stoornis na het komen,

handen die het rood van lippen uitvegen
als bloed dat uitzwermt op behangselpapier.
De rolluiken gesloten. Hij ontvouwt het einde, een begin.

(Een schreeuw valt als
kwik uit haar hand.) Ze spiegelt

zich een werkelijkheid. Naderhand. En begrijpt
dat hij zich geen gestalte weet dan in een
woord. Een beeld. Hij droomt haar

dichterbij. Maar wanneer zij het naderbij in
zijn kamer onthult, het binnen van de
muren druipt en niets van de franjes
blijft, voelt hij zich in twee en schotelt

haar verwarring voor. Zijn gelaat vloeit
uiteen. Hij siddert binnenin als wespen
op een vrouwentaille. Zijn lichaam keert zich af

en drinkt de nachten bloot. *Zo levensecht*
heb ik haar nooit gewenst.

Het beeld waarin haar naaktheid nu levend
wordt. Hij spoort het als een bloedhond
op. Stomdronken van een veel te harde zon waggelt hij
het buiten binnen dat hem opensnijdt en gooit ten prooi.

(Vaak snijdt tederheid als een mes) denkt hij wanneer zij
strijkt met haar hand over de balustrade. Zweetdruppels
zich vasthechten aan het metaal en dringen
als inkt tot in de huid. Van het metaal. Van haar

handen. Van het lichaam van de ruimte die hijgt. Ze omsluit
haar beeld als ze zich in het water waarneemt en omhelst
de ruimte die zich rondom haar armen beweegt.

Even keert ze zich om en draait de rug toe de kijker.
Andermans blik kan ze niet dragen. Het rokje
opgeschort stampt ze elk kijken het blikveld uit.

Opgeschort stampt ze elk kijken het blikveld uit.
Woorden gooit ze als kiezels in zee en inhaleert
de beelden die het getij op haar roestig lichaam
tatoeëert. Zoals haar okselgeur zich vasthecht

aan zijn gedachten. Aan de schoonheid van zijn
geschonden gelaat. Aan de klopjacht van lichamen
in woorden en beelden als de pen penetreert. Driemaal haar
stem twijfelt bij zijn naam als ze zijn beeld ontwaart

in het water en licht als schuim wordt en omkijkt en
hapert als aan prikkeldraad. En. Ze kantelt en valt.
Bloedt als inkt in het water leeg. (*clear*) Hij wentelt

zich tot schim en springt in het beeld van het water. Van haar
lichaam. Van haar beeld. Groen reflecteert de nacht en valt
rondom twee lichamen dicht.

Gezonken als een schim in wazig water, zoekt zij zijn ogen
die haar giftig besproeien en drukt zijn haren als wier
tegen zich aan. Ze lacht hem woorden en luchtbellen toe
als ze zijn eerste blik in die eerste nacht ontwaart terwijl

zich ontsluit haar lichaam en ze watergebaren
op een Venetiaanse schaal voor hem offert. Bij het neerslaan
van haar ogen, raken zijn tenen de bodem aan. Hij toont haar
wat ontstaat bij het uitspreken van zijn naam. Bij het verzwijgen,

het vergeten van woorden die bestaan en niet bestaan. Bij het inslikken
van haar naam. Zij ademt zijn longen en kleurt het water
rood en naakter dan golven. En schrijft ermee zijn lichaam

dat als krassen in haar handpalm te wachten ligt op wat
ontstaat en is. Verdwijnt en komt. Woorden overbodig.
(Ik heb mijn naam op de binnenkant van je gelaat geschreven.)

Gezonken als een schim in wazig water, rukt hij zich van haar
los en zinkt tot bij de bodem. Zijn haren laten sporen
na en water wast zijn lichaam bloot. Opent de littekens
in zijn gelaat. Bij het dalen brengt hij haar zijn laagste lied

als offert hij die laatste nacht te rijpe vruchten op een schaal.
Zij wrijft zich met die woorden in en wikkelt ze als wier
rondom haar gelaat. Zodat zij nooit meer te kijken moet naar wat
verdwijnt. En sluit de ogen voor wat ze niet meer horen kan. (*Car j'ai vécu*

par vous attendre.) De pijn van wat niet dichten kan, van elke waarheid
omhelst haar tere lichaam en drukt als keien op haar hoofd. Daarmee
doorprikt ze de illusie van zijn beeld en vergeet de dagen van het zijn. Als
[een Magdalena

doet ze boete nu. Tevergeefs en oliet zich tot modder. Vissen wemelen,
lichte bloesems rondom haar lichaam en brengen haar wat ze vergeten
wil. Bleek en levensloos. De metamorfose van een lichaam.

Rewind

Je belikt mijn beeld, met littekens die niet valt. *Never ending*-morsetekens die het ijle geheugenloos openbloeit. De virus van het beschouwen niet kan. De zonde van de wegglijden moet. Wanneer je vergeet.

terugkeren naar het denken wanneer de nevel
openscheuren. Defragmentaties van wat
verlangen. Een taal voor wat theoretisch
dissectie en wat gesmoord tussen je vingers
De ouderdom van dit gedicht. Dat.

De nachten dreunen na in haar verdoken
leven, getekend door een aderlating waaraan ze
niet ontsnappen kan. (Het vruchtwater van het lezen. De naweeën

van de poëzie vandaag.) De ramen in de straten breken als het
mechanisme niet langer enkel woeden kan. Binnenin. *We are looking*
for an alibi dat de vergeefse vernietiging van woorden hier opnieuw

gestalte geeft. Ik smeer haar lichaam open en stal het als verloren
sporen uit. De stiksels van haar wonden waarin ze dronken schuilt.
De elegieën van een vrouw. De schrammen van gedachten die
als de wolven in het dal *insomnia* brachten. Terwijl waarheden

woorden dampen. Ze is een *copy* van mezelf. Mijn vreemde
ik op weg naar een of andere drempel. Alsof ze me doorliep,
alsof ze over scherven danste.
(Schreeuw)

De waanzin van wat niet wachten kan
stampt hier de ochtend bloot. Ik vrees
daarvoor. De wekker dreigt. De stank

van bloed kleeft op de tegelwand en dromen
kraken gelaatstrekken in het bed. Zij
slaat haar nadroom wakker en onomwonden

weergalmt de holte van de woorden. De echoput
van een begeerte. Een natijd waarin ze
eindeloos verzinken wil. Waarin de leugens teren.
(De aronskelken boven het kussen druipen

achteloos van vlezigheid.) Een engel aarzelt.
Een deur slaat dicht. Ik dicht haar in fragmenten
en sluip haar maskers uit. Om blootsvoets over pleinen
te slenteren. Waar stemmen klateren, fonteinen.

Het bloembed van de werkelijkheid
is hier nu al afwezig. De stem gestorven.
Slechts sporen vallend van de tafelrand.
Ik schrijf. Verdwijn. Als lagen mijn handen
onomkeerbaar onder ijs het zilverstuk van realiteit
te wezen – een raspoetiaanse moord indachtig.

De waarheid luistert niet. Geamputeerde
stukken droom, achteloos
achtergelaten.
Vergeefse
zinnen van een blik, samples van een andere
schikking en zin. De gensters van deze tijd
vallen als stofdeeltjes in een waterput. Een gesmoorde
prelude in dit mijnenveld van meerduidigheden.

De valstrik van stukgebeten nagels, coquilles
en kristal – een hoogzee die wordt aangelengd
met wat aan echtheid nooit vergaat. *L'art de plaire*
est l'art de tromper, het reservoir van de allegorie,
en wat de ziel ooit zinderen deed. Jij bent
van mij gemaakt, onstilbaar verwond
door schaamte, waarin het heilige bederft
het elixir van meisjes die elkaar het raam uit
duwen. Skeletten betreden nu de eeuwigheid.
Doorgronden de schaal der dingen – hondsdol
zal je mijn gedachten nooit doordringen. Ogen
krabben je harnas af. Tot waar je bent geweest.
Wankelend op de grenzen van deze figuratie. De bruikleen
van een tijd. Die mijn geheim geruisloos zal bewaren.

‘We are looking for an alibi.’

Meg Stuart

Als weergekeerden uit een vroeger leven

Als weergekeerden uit een vroeger leven
verzilveren we wat de camera niet louter registreren
kan. Gezangen in de verte. Stemmen ontsnappen
uit je hand, verdoven het ochtendlicht
zodra een waaier spreeuwen uit een
kerktoren opschrikt.
Je verraadt betrokkenheid zolang ik
je adem haal, mijn dood verwarm.
(Een nachtvlinder kaatst onrustig
tegen het vensterglas.) Het obsidiaan in je ogen
heb ik van me afgelegd. Het tussen ons benevelt nu.
Onvoorzien.
Dit leren hechten is een branding.
Waarin de afstand tussen twee kreten
zich niet plooien kan naar spiegels die
in vlokken over ons vallen.

Zij droeg de lamp achter de waterlissen

Zij droeg de lamp achter de waterlissen.
Betrapte zo met roodgekleurde nagels
nachtenlang de geheimen uit zeer verre
tijden. Ze was een dief die het gloren om
genade smeekte voor de dromen die ze
als cocktails consumeerde. Telkens ze
het meer doorwaadde. Kikkers sprongen op,
het lis stremde haar kuiten. Wat rein is bederft
ook onder water. (Het aroma van het achter-
laten.) Libellen en krekels rondom haar trommelvlies.
Waarvan ze later de geluiden in haar steriele kamer
downloaden zou, de hoerenzegen voor als haar
maagdelijkheid in woorden breekt. Terwijl onder haar bed
kevers waken, slaapdronkenheid verorberd wordt.

Verademen bij de avondlamp der dromers

Verademen bij de avondlamp der dromers
om te betraliën de glans in haar ogen. Een
woordloos requiem. Telkens weer. Wanneer.
De ruimte de omtrek van het spreken vergeet (?)
Wanneer het lichaam zich alleen de censuur
van het bewustzijn herinnert (?)
Wanneer een kamer vocht-
kringen vertoont (?)
Terwijl elders. Hier. In dit lustverblijf van prefiguraties
duisternissen dichtslibben, wangen kleuren met
schaamrood. (Het contrapunt hangt als een mist boven
het water.) De uitspattingen van de taal verstijven
de oppervlakte der gewoonte. Haar rondingen worden
ontbloot, wanneer zij in deze maat tot stilstand komt.

(Peeping Tom): In 't knappend haardvuur vlamt de tover

In 't knappend haardvuur vlamt de tover,
zijn ogen zwarter dan kobalt knisperen haar wakker,
de beweging van het vuur spoelt als een fantasma in haar aan. (Een lava.)
Klokken geven een exactheid aan. Onophoudelijk. In de omheining van
de tijd. De wedergeboorte van een realiteit breekt wat de slaap vergeet. Op
blote voeten slentert hij de kamer uit zo achteloos. Als in een trance, zonder te
ontwaken uit het monotone ritme van zijn warme lichaam (gelaatloos, chirurgisch)
wapent hij zich tegen haar obscene beeld, een drug die hem elke dag
klinisch ingespoten wordt om haar
zijn naam
lezend op te nemen in de cocon van kijken en hijgen, het vruchtvlees van wat
dagelijks leeft, het sacrament van wat geen naam verdraagt. (Door het
knoopsgat van de deur kijkt zij ook jullie, lezers, aan. Blaast haar
aanwezigheid in je lichaam. Sta op en zoek haar, lispel haar naam.
Even. En verdwijn niet meer.)

Open new document

[...]

De mix van verlangen en vergetelheid, gewikkeld in
een nieuwe maand: een sarcofaag om in te wonen.
Dromen leiden naar de hoogste trap. Alleen seringen
op een tafel achtergelaten. Je bracht me flarden van
een zomerdag, oleanderrood als struikgewas dat in de verte
brandt. Een vleugelslag bleef tussen wolken hangen wanneer
ik opkeek en terloops verdwalen moest in een wereld
die het verleden negeert. *Drive in.* De hitte verwekt een
ijle verdoving van het woord.

Wedergeboorte

Terwijl het lot me achtervolgt, een onbekende
waker met zeisen in de hand, lijkt het alsof ik
de seance al geschreven heb. Ik herken de notenstruiken,
de mieren gestold in hars, het zoemen van een ventilator
achter de luiken van dichtgetimmerd glas. Het gevoel dat
door mijn ingewanden snijdt. Maar o. Schenk me de opening
van een nieuw lichaam. De belofte in de gedaante van
een buitenwerkelijkheid die groeit in mij. Een goudschrift voor
de zon. De autopsie van de geest. Zoals striemen lijnen in de lucht.
De vlucht. Hedendaags gemaakt in een droommachine.

[...]

Utopia

De geur van bevroren zeewier slaat mijn
zelfbeeld stuk. Ik draag de scherven en voltooi
de mantel van de anonimiteit waaronder
de sleutel tot de droom verdwijnt. Een zon
slechts neonlicht, van bloemensap het gif. De
kwaal die tijd is verglijdt als modder. Waarin
elk doelwit de verstoring is van mijn zuurstof-
evenwicht zodra je vingers over mijn
lippen trillen. Klinisch in dit tijdsgewicht.

[...]

Elegie

Voorjaarspluisjes op je mond. De zon heeft zich
op de vroegte van het meer gelegd – het licht
is in het bos geboren. Het landschap onscherp
en korrelig aan de dans van ogen ontsprongen.

Details gonzen ongrijpbaar in deze spanne tijds. Het is de wanhoop
om de wereld in zijn geheel te aanschouwen, weerbarstig

als een parasiet die zich nestelt in de kom van een
oksel. Houtrook en amandelbloesems boven velden.
De belofte van het heden kleeft als gelatine. Vingers betasten
het naakte lichaam van dromen. Maar ik kan

de wonden van de tijd niet grijpen. Ook bij de aanbidders van het
geheugen zijn littekens listig in zichzelf gekeerd – ondoordringbaar
als een geeuw – en kennen nakende zomers
nooit tijd.

Ontketend

Het eiland der vergetelheid krachteloos geworden
smelt voor mijn ogen als betrof het slechts
een schaduw na de paringsdans. Een
replica van schimmen wanneer de
monden weer verstommen. Je bracht me
geglaceerde lelies in de nacht. De verwarring
van een werkelijkheid die groeit in mij.
Met de snelheid van een vonk
moet ik de schoonheid laten stollen want
elke muze is een hoer weet jij. Ze had je al
te vaak verlaten. In deze voorstaat van
mijn onschuld, die met de jaren meer en meer
ontbindt.

Zelfportret

De herinnering vormt nooit een eenheid, er zijn beelden van broeierige steden, de restanten van een avondmaal, geluiden van een zee, de namen van straten, een wulpse mond, een blik, een lichte verwarring, de onvrede bij een aarzelende hand, een haarlok die krullend over een voorhoofd valt, de maagdelijkheid van sneeuw in een van smog doordrongen stad. De herinnering is een kameleon. De materie en de kracht ervan variëren naargelang de seizoenen, de wisselende kleuren van het heden. De passage van een toevallige schim. De genade van een gebeurtenis die je als een geschenk overkwam. De verstarring van een gevoel tot een frase in een boek. Ze desinfecteert de gevoelens. Klit samen als de massa in deze maatschappij waar zelfs beelden, natuurlijkheid, stilte worden geconsumeerd en een houdbaarheidsdatum krijgen toegedicht; en toch hoort ze nergens bij, eenzaam dwaalt ze in de holte van de gedachten. Af en toe naakt, maar vaker in een bontmantel om in haar bestaansrecht de verschillende gemoedsstemmingen te kunnen regeren. Zinnelijk en boosaardig. Verblindend en gebarsten als lippen. Een aureool en onbestemd. Nooit overbodig als bijzinnen in een verhaal, een bohemien maar geen wild vlees dat de structuur van het weefsel verwart. Een quatre-mains voor het hoofd. Gehoorzaam als bijen in een bijenkorf. Een explosie van details die onvermoede verbanden verraden, inhaleren. Een lofzang op de ontoerekenbaarheid.

Afdruk

De dageraad martelt al mijn ogen, een obstakel
doet de nacht eensklaps wijken. Ongetemde gebaren
van lichtinval en handen maken
zinnen in me wakker – een mozaïek
die brandwonden op het geheugen achterlaat
en het verleden van vergankelijkheid spaart.
Het merkteken van de nacht verhuist
niet alleen naar blinde schachten of zilte ondergrondse
geuren, maar fladdert ook met vleermuizen in een
zolderkamer op. Om vluchtig en verloren
de poriën van een vertrouwd
gelaat te verlaten en zich te laven aan de anekdotes van
die ochtend in mei: vol aroma en voorzomerse tijden,
met de ontkenning van de rimpels in elke belofte,...., zonder
misvatting van het, de valstrik van verkleumde vingers
op het laken, de dode boom op het. Een binnenplein, de .... ode
over wat wij, geschaafd door eenzaamheid, even (wanen te) zijn.

Poëtica

De vacht die over velden valt, een mist, die
steeds weer wijken moet voor het sterk-
omlijnde beeld: een zichtbare overvloed ochtend die
zich aankondigt in voorzomers geluk. Het smaakt
naar tegengif voor als de schoonheid breekt. Schrik-
beladen wil ze dit ogenblik delen. Een jubellied in
niet-vergeten wind. De gewichtsloze ander wiens schim
ze zich waant, als keek ze in een met mos vergroeide
spiegel. De onbeslistheid die als een wasem van het ijle hangt.

En nog

Dons van sneeuwvlokken op je mond. Een overgang
van tastbaar naar onzichtbaar wanneer ik ze met mijn
adem aanraak en de laatste dag van een oud begin
weer verstomt. Je staat onverhoeds als een rover voor mijn raam
met in je handen de extase van een vlezig jaar, geplukte
rode bessen ongereptheid waarmee je mijn herinnering en
lichaam besmeurt, kleurt,
terwijl je nog de geuren in je haren draagt van hars
en opgebrand dennenhout. De zachte wilde natuur
die je onderweg tegenkwam en inhaleren kon.
Alle toonaarden van het klavier zingen in je blik voortaan. Muziek
der hemelse oorden,
onvatbaar als de uitzichtloosheid van een woestenij. Met in
het verre de belofte en de daad van een oase. Die een sluier
over bebloede nachten legt. De poort der zeven zegels
wordt voor ons vandaag geopend. De tijd een breekijzer. *Cross-fade.*

Sneeuw veegt
elke vastgelegde betekenis uit. Het mikpunt van een
onzienlijke grens. Onze levens worden samengevoegd. Zonder
wanklank in het wolkendek. Want we zijn in een jaar
dat cirkelt als een roofdier rond zijn jonge prooi of loom als
een octopus koraalriffen in slaapt.

En nog. En nog.

(Ode)

Wulpse zonnestralen,

krols rond mijn gedachten gespannen,
nooit loslatende klauwen die
striemen achterlaten.
Troosteloos en onafwendbaar blijf ik

in de bloedarmoede van de
tijd. Opgeslorpt en opgeslagen in megasteden.
(*save*). Versmolten met het gruis,
het kraken van de aardse lagen onder
straatstenen. Begraven wordt mijn ziel

die hongerig kwijlt en met haar roerselen
hitte aanwakkert – pas ontloken vuur.
Smog en uitlaatgassen hechten zich
als een bloemenregen aan de lokroep
der natuur. (Symbiotische eenheid.) Terwijl

een koekoek zich verschuilt
in velden, mistig elders maar nabij. Als het vermoeden
dat wij drassig worden, ooit,
zoals in brood gedrenkte wijn.

Entr'acte

Monddicht in spreken. Dissonanten
geven de verhouding der seizoenen aan
en laveren
tussen waarschijnlijkheden en de sluier van de
verbeelding. Tevergeefsheid is noodzakelijk
als een zucht. De roes dringt
nagelloze vingers binnen en
zingt zodra de allegorie
wordt ontknoopt.

Ze prikt een vlinder op mijn woorden.

September,

beheksende maand waarin
de slaapgrens geleidelijk wordt opgetrokken,
aanbidster van roest en vergankelijkheid,
ik kreun om de krolsheid van uw bladeren
die verdroogd en getart door lispelingen
mijn naakte voeten betasten. Uitgestoten door
uw adem trek ik een tweede huid aan.

Credo

In het vlokkenschuim van deze nacht,
waar vlaamse gaaien en geboden slapen
gaan, de dwangbuis van gesprekken wordt
geschaad, gesmoord, taxi's doelloos dralen
onder van mist doordrongen lantaarnpalen
het gebit op een nachtkastje wordt
gelegd – nog steeds, ook in deze van nieuwigheid
doorsijpelde tijden – en
minnaars zich verliezen in uitwaaierende
lichamen van een onbetreden verdriet,
trekt de dichter onbestemde registers
open,
gooit ze kiezelend de tafel op,
en zout ze in.

                    Bij het laatste computerlicht
ordent hij wat onzegbaar is. En blijft. Met het systeem
en geheim van geliefden die elkaar herkennen
bij een eerste blik. Een oogopslag door de sluier van
ontelbare gezichten heen. Woordloos
over tijd en grenzen. Geënt als een lach op een moment
dat enkel nu geschieden kan. Op het kruispunt van negen
wereldsteden, met de herinnering aan een pad in
distelvelden. Even vlezig als met mos
gemixte bosgrond.

Noot

Mijn verzen uitgesmeerd, langvoetig lopen. Een uitgerokken lichaam
net uit bed. De dag beademend. Nauwelijks ingehouden wandelen we een
Engels landschap binnen. *At the still point of the turning world*. Onze vingers
raken wat weg-

glijdt in het meer dat
in onze blikken rijpt. Een zwanendans en sigaretten op een boomstronk.
De keelholte besmeurd met de zonde die het lichaam vergeet. *There would be
no dance and there is only the dance*. Het licht dat door de bladeren glipt. Ik
[spoel je

terug. In eeuwen. Omdat je ogen bloeden als je in de auto stapt. Hield ik een sluier
voor de woorden. Want wat het spreken brengt, komt steeds te laat. In deze tijd
van huid behagen, van bommen zonder verlangen. De terreur is ons (ver)zwijgen.

Neither flesh nor fleshless.

Een leeuwerik vangt aan. Ik slijp mijn beeltenis aan een onzichtbaar mes dat over mijn gelaat heen strijkt: de tijd. Meedogenloos nestelt zich het vuur in mijn hoofd, een droom tuimelt van een onzichtbare draad de hemel uit. De afwezigheid tussen ons stolt in een kantiaanse nutteloosheid. Tastbare oorden wanneer ik door het raam staar en sneeuw elke zichtbare betekenis wegveegt. Wij spreken woordloos over grenzen heen, met één enkel gebaar. Een glazige blik in ogen verstomt als keek ik je voor het eerst weer echt aan.

#1

Je begeleidt me naar een plek die
verder dan het denken heet. Een *tombeau*
om voortaan in te baden wanneer de
hortus conclusus verteerd wordt
                                        wanneer de
zee verdampt en niet meer ruikt naar de
naamloosheid waarin wij kunnen
schuilen. Je neemt me naar je sterfbed
mee en schenkt me wat vergankelijk is
voor eeuwen. Ook toen ik me aan de aarde
heb verbrand.
                        Ook toen de velden
uitstroomden in bloedend water
en ik haperen bleef,
heb je me in de urne van je armen genomen
en onder de ranken bij de je vertrouwde
goden te slapen gelegd.

{Om nagedachtenissen te bewaren heb ik een glazen stolp op het heelal gezet.}

Beeltenissen van Inge Braeckman werd in mei 2009 in opdracht van het Poëziecentrum vzw Gent vormgegeven door Karakters in Gent en gedrukt op de persen van drukkerij New Goff in Gent.

1. Tom Van de Voorde: *Vliesgevels filter*
2. David Troch: *laat[avond]taal*
3. Inge Braeckman: *Beeltenissen*